QUELQUES OBSERVATIONS

SUR

LES NOMS DES RUES ET PLACES DE ROUEN

QUELQUES OBSERVATIONS
SUR LES NOMS
DES
RUES ET PLACES
DE ROUEN

PAR

Léon DE DURANVILLE

Membre de l'Académie de Rouen et de plusieurs Sociétés savantes.

(EXTRAIT DE LA *Revue de la Normandie*, JUIN 1869.)

ROUEN
IMPRIMERIE DE E. CAGNIARD,
RUES DE L'IMPÉRATRICE, 88, ET DES BASNAGE, 5.

M. DCCC. LXIX.

TIRÉ A CINQUANTE EXEMPLAIRES.

QUELQUES OBSERVATIONS

SUR

LES NOMS DES RUES ET PLACES DE ROUEN.

Il en est des noms donnés aux rues d'une ville comme des langues, qu'il est loisible de juger susceptibles ou non susceptibles d'améliorations, pourvues ou dépourvues de beautés, riches ou pauvres, et, par conséquent, devant être laissées dans la jouissance de ce qu'elles possèdent, ou dotées de ce qui leur manque. On doit être satisfait de rencontrer, aux extrémités des rues d'une ville, des noms qui rappellent, soit des souvenirs historiques, soit des hommes célèbres, soit des citoyens recommandables à quelque titre. Lorsque P. Periaux publiait, en 1819, son *Dictionnaire indicateur des rues et places de Rouen*, il ne se trouvait dans cette ville que quatorze noms d'hommes remarquables, dont neuf seulement lui appartenaient, soit par leur naissance, soit par des services rendus. Maintenant nous rencontrons les noms de Rollon, de Guillaume-le-Conquérant, d'Alain-Blanchard, de Jeanne Darc et d'autres. Dans une ville qui compte plus de quatre cents rues, places et marchés, ne se trouverait-il pas quelques noms dont la disparition ne serait nullement regrettable ? Ne pourrait-on pas du moins donner des noms historiques aux rues qu'on ouvrirait à l'avenir ?

« La plupart des rues et places de Rouen, » disait P. Periaux, « ont, dans l'origine, pris leurs noms, soit de commu« nautés religieuses, églises, chapelles et autres établissements
« publics, comme les rues des *Augustins*, des *Bons-Enfants*, des
« *Cordeliers*, des *Béguines*, *Saint-Antoine*, *Saint-Marc* et autres;

« soit de maisons particulières, ou des propriétaires de tout ou
« partie des terrains sur lesquels elles furent ouvertes, comme
« les rues *Accard, Benoist, Flahaut,* des *Champs-Maillets,*
« *Jeuffroi,* etc.; soit des diverses professions que l'on y exerçait,
« comme les rues des *Barbiers,* des *Bonnetiers,* de l'*Epicerie,*
« des *Pannetiers,* des *Tapissiers,* etc.; soit de leur position
« locale, de bornes, pierres, arbres, etc.; soit des anciennes
« enseignes par lesquelles on désignait autrefois beaucoup de
« maisons, comme les rues de la *Croix-Verte,* des *Faulx,* de
« la *Cigogne,* de la *Salamandre,* etc. D'autres portent des
« noms qui leur ont été donnés par hasard, ou dans quelques
« circonstances particulières dont on n'a peut-être pas conservé
« le souvenir. Quelques autres, enfin, portent des noms insi-
« gnifiants par eux-mêmes, telles que la rue du *Carrefour,*
« parce qu'elle aboutit à un carrefour ; la rue de l'*Abreuvoir,*
« parce qu'elle conduit à un abreuvoir; la rue de la *Ronde,* parce
« qu'elle fut percée, il y a peu d'années, pour faciliter les rondes
« ou patrouilles de nuit autour de Bicêtre, etc. Comme s'il n'y
« avait pas des carrefours partout, des abreuvoirs en plusieurs
« endroits, et d'autres établissements que Bicêtre où l'on fait
« des rondes ou patrouilles de nuit. »

D'autres noms rappellent des souvenirs historiques, et notamment les noms des rues du Pré-de-la-Bataille (1), de la
Rouge-Mare (2).

Maintenant, près de soixante rues et places portent, soit des

---

(1) « En 921, Guillaume Longue-Epée, second duc de Normandie, défit et mit
« en déroute l'armée de Rioulf, comte de Cotentin, qui était venu à Rouen dans
« l'intention de l'assiéger. Le combat eut lieu dans l'emplacement connu depuis
« sous le nom de *Pré-de-la-Bataille.* » (*Tableau chronologique,* par P. Periaux.)
« Ayant ainsi triomphé de ses ennemis, » dit Guillaume de Jumiéges, « le duc fit
« un recensement de tous ses chevaliers et reconnut que nul d'entre eux n'était
« mort. » (*Traduction de M. Guizot,* p. 63.)

(2) « Le champ de la *Rouge-Mare,* qui était hors de la ville avant
« son troisième agrandissement, fut ainsi nommé à la suite d'un combat
« très sanglant qui eut lieu dans ce même champ. » (*Dict. indic.*)

noms historiques, soit des noms d'hommes recommandables. Ce sont les suivants : *Alain-Blanchard, Amboise, Armand-Carrel, Basnage, Blainville, Blanche, Boïeldieu, Bois-Guilbert, Brutus, Buffon, Corneille, de Crosne, Dulong, Edouard-Adam, Ernest Le Roy, Farin, Flaubert, Fleurus-Duvivier, Fleury, Géricault, de Germont, Du Guay-Trouin, Gui de la Brosse, Guillaume-le-Conquérant, d'Harcourt, Henri IV, d'Herbouville, Hyacinthe Langlois, Jacques Le Lieur, Jeanne Darc, Jouvenet, Joyeuse, Lafayette, Lamauve, Laumônier, Le Cat, Lémery, Le Nôtre, Lézurier de la Martel, Louis-Auber, Maulévrier, Mollien, de Montbret, Morand, Morris, Napoléon, Pouchet, Poussin, Racine, Rollon, Socrate, Stanislas-Girardin, Thouret, Verdrel.*

D'autres noms rappellent l'ancien état de la ville. Ce sont les suivants :

Bons-Enfants, Beauvoisine, Beffroi, Bec, Béguines, Bourg-l'Abbé, Bihorel, Bonne-Nouvelle, Calende, Capucins, Carmélites, Carmes, Cauchoise, Célestins, Champs-Maillets, Champ-du-Pardon, Champs, Chantereine, Chartreux, Clos-des-Marqueurs, Cordeliers, Croix-de-Pierre, Croix-d'Yonville, Curandiers, Dinanderie, Epicerie, Espagnols, des *Faulx, Fossés-Louis VIII, Fossés-Saint-Yves, Franc-Manoir, Gaillarbois, Ganterie, Grammont, Grande-Chaussée, Haranguerie, Hôpital, Hôtel-de-Ville* (1), *Jardin-des-Plantes*, impasse des *Juifs, Lieu-de-Santé, Limites, Madeleine, Marché-aux-Balais, Minimes, Mont-Gargan, Mont-Riboudet, Moulin-Saint-Amand, Moulinet, Murs-Saint-Yon, Nid-de-Chien, Parcheminiers, Petit-Enfer, Petit-Porche, Petite-Chartreuse, Ponts-de-Robec, Pré-aux-Loups, Prison, Rempart-Bouvreuil, Rempart-Martainville, Ruissel, Sapins, Tour-du-Rouet, Trou-d'Enfer, Vicomté, Vieille-Tour, Vieux-Marché* et *Vieux-Palais.*

(1) Il s'agit du passage qui communique de la rue de la *Grosse-Horloge* à la rue *Neuve-Massacre.*

Ajoutons-y les noms de saints, assez nombreux, et qu'il est bon de conserver, quand ils ne se trouvent pas en double emploi, parce qu'ils signalent des édifices religieux, existants ou disparus.

D'autres noms indiquent d'autres édifices actuellement existants, et leurs écriteaux peuvent servir à diriger les étrangers.

Voici des noms de rues non moins insignifiants que les trois qui ont été signalés comme tels par P. Periaux. Il s'agit des rues de l'*Amitié*, de l'*Avalasse*, *Boutard*, *Boudin*, *Etroite*, du *Fardeau*, *Longue*, des *Plains-Champs*, des *Pommiers-Mallets*, des *Quatre-Vents*, *Traversière*, *Verte*, etc. Il y a aussi des noms en double emploi, précédés du mot *Neuve* ou du mot *Petite*, ou bien appliqués également à une rue, à une rampe ou à une place. Ainsi, le mot *Saint-Hilaire* est employé quatre fois, et celui de *Saint-Gervais* l'est jusqu'à cinq fois : boulevard *Saint-Hilaire*, place *Saint-Hilaire*, rampe *Saint-Hilaire*, rue *Saint-Hilaire*; rue *Saint-Gervais*, petite rue *Saint-Gervais*, place *Saint-Gervais*, grande rue *Saint-Gervais*, cavée et impasse *Saint-Gervais*.

Remarquons d'abord, en fait de noms historiques antérieurs à notre siècle, qu'il n'y en a que quatre ou cinq, et qu'en fait de noms propres antérieurs à notre siècle, il n'y en a que vingt-cinq ou vingt-six; plusieurs noms portés dans le dernier siècle : ceux de Buffon, de Le Nôtre et de du Guay-Trouin, n'appartiennent pas même à la Normandie ; Racine, malgré son très grand mérite, occupe une place où nous aimerions mieux voir un Normand; on lui a rendu le même honneur qu'à Fontenelle, à Le Cat, à Lémery et à du Quesne ; si ce dernier n'avait pas vu le jour à Rouen, du moins il était né en Normandie. Une rue porte le nom d'un Athénien dont on peut bien, sur tous les points du globe, admirer la sagesse ; mais son nom n'avait pas plus le droit de s'implanter à Rouen que dans toute autre ville : on a peut-être pensé, en 1794, que le nom d'un sage convenait mieux qu'un autre à la capitale de l'ancien *pays de*

Sapience. Il existe une ruelle de Brutus, très peu fréquentée, si l'on veut, inconnue même à beaucoup d'habitants de Rouen, mais enfin qui est insérée dans l'*Annuaire* : la Révolution nous l'a léguée ; elle avait même donné le nom de *Brutus* à la rue *Saint-Vivien*. Il fallait bien, dans un temps où l'on honorait la mémoire de Jourdain et de Bordier, honorer aussi le nom de Brutus et préconiser le fanatisme politique, qui étouffait les droits les plus sacrés de la nature, et le même fanatisme politique qui poignardait un bienfaiteur au nom de la liberté. Du reste, en voyant le nom de Brutus à l'entrée d'une semblable ruelle, on pourrait aisément supposer qu'on ne l'y a laissé que pour lui faire expier ses honneurs d'un jour, et que Brutus a passé du Capitole aux Gémonies, ou bien que, comme Marat, il a passé du Panthéon à l'égout de Montmartre. Pas de doute que ce nom ne soit resté là par oubli, ou bien qu'on n'ait jugé la rue trop peu importante pour qu'on le fît disparaître ; mais enfin, le nom de Brutus se trouve dans la liste des rues de Rouen, et l'étranger qui, sans aller sur les lieux, trouverait ce nom dans l'*Annuaire*, pourrait bien croire que nous rendons encore hommage à la mémoire de ce farouche Romain, tandis que la période ducale, période si glorieuse pour la Normandie, n'est rappelée que par deux noms. N'avons-nous donc eu que deux ducs ? Guillaume-Longue-Epée, Richard-sans-Peur, Robert-le-Magnifique, ce Richard-Cœur-de-Lion, dont la valeur bouillante étonnait les rives du Jourdain, et dont la captivité inspirait les artistes, doivent-ils être négligés ? Si nous possédons les cendres de plusieurs de nos ducs dans notre cathédrale, c'est une raison pour rendre leurs noms plus populaires. N'y aurait-il pas quelque chose de poétique, si l'on entendait parfois un troubadour nocturne fredonner, au clair de la lune, dans une rue dotée du nom de *Richard-Cœur-de-Lion*, les couplets mis en musique par Grétry ? Les paroles de Blondel, quand même elles seraient dénaturées par l'inhabileté du chanteur, auraient un grand charme. Et nos deux duchesses Mathilde n'ont-elles droit à aucun hommage ? L'une et l'autre furent remarquables par leurs belles qualités : pour s'en convaincre, il suffit d'ouvrir nos anciens historiens normands. Le nom de la première Mathilde donné à quelque rue voisine de l'ancien prieuré de Bonne-Nouvelle se rattacherait bien à ce dernier nom, puisque la première Mathilde se trouvait en prières dans ce lieu lorsqu'on vint lui apprendre la victoire d'Hastings. Il faut réclamer aussi pour la seconde Mathilde, qui conserva son titre d'impératrice après avoir épousé en secondes noces Geoffroy Plantagenet ; on lui doit garder reconnaissance pour le pont de pierre construit ou du moins consolidé par ses soins : il n'y a pas quarante années que les dernières piles de ce pont ont cessé d'être visibles. Quant aux noms qui se rattachent à la période ducale, on pourrait peut-être ne pas choisir seulement les noms de quelques ducs, mais employer les noms de tous les ducs de Normandie : cela formerait comme une espèce de chronologie des deux cent quatre-vingt-douze années de la période ducale, et ces dénominations formeraient autant de jalons mnémoniques propres à inspirer le goût de l'histoire locale. Il serait convenable de donner aux écriteaux sur lesquels ces noms seraient inscrits, quelques centimètres de plus qu'aux autres, ainsi que quelque ornementation ; puis on inscrirait au-dessous des noms les dates de l'avénement et de la mort d'un duc.

Un membre de l'Institut, M. Roger, dans une conférence faite à Lyon, le 3 mars 1867, demandait beaucoup plus pour mnémoniser les souvenirs locaux. Voici ses propres paroles :
« Nous pourrions imiter les anciens dans ce que leurs procédés
« épigraphiques avaient de beau, de sensé, d'utile. Nous
« donnons à nos rues des noms de citoyens illustres ; mais
« bien souvent la foule des lecteurs ne connait que leurs noms.
« Pourquoi n'y pas joindre une date, quelques détails sur leurs
« travaux, sur les services qui leur ont mérité cette récompense
« nationale ? Quelques plaques de marbre ou de bronze, à l'angle
« de nos rues, formeraient pour l'enfant, pour l'ouvrier qui passe,

« pour l'étranger, une sorte de dictionnaire biographique des
« plus utiles et des plus intéressants (1). »

Pourquoi ne pas accorder aussi quelque honneur à ceux qui nous ont transmis les fastes de notre ancien duché, tels que Robert Wace, Orderic Vital, Guillaume de Jumiéges; à d'autres écrivains non-contemporains de la période ducale, mais qu'on cite encore et dont le vieux style n'est pas dépourvu de charme : du Moulin, Noël Taillepied, l'auteur des *Antiquitez et singularitez de la ville de Rouen*, lui qui n'admettait que *deux villes en France, à sçavoir Paris et Rouen* ? Pourquoi oublierait-on Hercule Grisel, prêtre de la paroisse Saint-Maclou, auteur d'un poème intitulé : *Fasti Rothomagenses* ? Son ouvrage vient d'être réimprimé récemment par les soins de la *Société des Bibliophiles normands*. Le nom d'Hercule Grisel doit être placé dans le quartier qu'il habitait.

On peut réclamer aussi pour des noms d'archevêques, de présidents au Parlement, de hauts fonctionnaires. Si ce sont bien les cardinaux d'Amboise qu'on a voulu rappeler dans une rue du quartier de la Madeleine, c'est un précédent qu'il faut imiter. Il serait bon de faire usage des noms de quelques prélats qui ont contribué à la construction de la cathrédrale actuelle ; de celui de Robert de Croismare, qui était autrefois celui de la rue de l'*Amitié*; de celui du cardinal d'Estouteville, issu d'une noble et ancienne famille normande. Ce dernier fut le réformateur de l'Université de Paris, lui donna de sages règlements et protégea les savants ; on lui est redevable d'une partie du palais archiépiscopal commencé en 1461, de l'escalier de la bibliothèque capitulaire, des stalles du chœur de la cathédrale, d'une partie de la nef de Saint-Ouen construite lorsqu'il était abbé commendataire de l'abbaye ; la réhabilitation de la Pucelle d'Orléans eut lieu sous son patronage, et il fut le président de la seconde enquête. Rouen possède une rue qui porte le nom de

(1) *Bulletin monumental*, 1867, p. 161-2.

La Rochefoucauld, et le prélat dont elle rappelle le souvenir a certainement des droits à la vénération. Le choix qu'on a fait du nom de La Rochefoucauld a obtenu l'assentiment de tous ; le choix qu'on ferait des noms de Robert de Croismare et de d'Estouteville l'obtiendrait également.

Nous avons eu des gouverneurs de province. Une rue de Rouen porte le nom d'*Harcourt*, avec d'autant plus d'à-propos, qu'elle se trouve à l'emplacement du Vieux-Palais. D'autres noms de gouverneurs pourraient encore être employés ; par exemple, celui du duc de Montausier, gouverneur sous Louis XIV, et si dévoué aux intérêts de son gouvernement.

Le Parlement de Normandie, depuis le règne de Louis XII, a compté près de vingt premiers présidents. Or, pour rappeler un corps qui avait tant de puissance et formait un contre-poids à l'autorité royale, ne serait-il pas bon d'avoir une rue du *Parlement*, de même qu'il existe une rue du *Bailliage* et une rue de la *Vicomté?* Cette rue du *Parlement* devrait être dans le voisinage de cette ancienne cour souveraine. Certainement, ce nom vaudrait bien celui de *Socrate* : parmi les magistrats qui s'asseyaient sur les fleurs de lys, il s'en est certainement trouvé plusieurs dont la sagesse ne le cédait en rien à celle de la victime d'Anytus ; ils n'ont pas été condamnés à boire la ciguë, c'est vrai ; mais quelles persécutions n'ont-ils pas subies dans le xvie siècle ? Si la rue *Faucon* porte le nom d'un homme investi de la dignité de premier président, au commencement du règne de Louis XIV, et d'un autre Faucon qui remplit les mêmes fonctions seize années après la mort de celui-ci, rien ne prouve qu'un sentiment de respect ait amené la dénomination de cette rue : n'importe, c'est toujours un nom historique. Mais ne faudrait-il pas aussi le nom de Claude Groulard, qui maintenant est connu dans la ville, depuis qu'on y a rapporté son monument? Si ce monument et celui de son épouse sont placés sous l'une des tours de la Cathédrale, ce serait de faire pour lui comme on a fait pour d'Amboise, et cela, auprès du Palais-de-Justice, où le nom de la rue *Boudin* est fort insignifiant. Nous venons de citer la rue d'*Amboise*, et nous faisons observer qu'on aurait pu préciser davantage : si l'on ne songeait, en la dénommant, qu'au ministre de Louis XII, il fallait mettre rue *Georges d'Amboise* ; si l'on pensait aux deux prélats de même nom, l'oncle et le neveu, qui ont occupé successivement le siége de Rouen, ne fallait-il pas mettre rue des *Cardinaux d'Amboise ?* Cela semblerait d'autant plus convenable, qu'il existe en France une ville nommée Amboise, et l'on pourrait croire, en lisant l'écriteau de la rue, qu'il s'agit de cette ville.

On doit garder reconnaissance à ceux qui ont rempli des fonctions municipales dans des temps de troubles. Pourquoi, parmi les noms de maires qui ne datent pas encore d'un siècle, a-t-on choisi ceux de Fontenay et de Lézurier de la Martel, sinon parce qu'ils ont administré dans des circonstances difficiles, et qu'on leur a dû le maintien de la paix et la conservation des propriétés? La fermeté du premier sauva la statue de Jeanne Darc, qui n'eût pas été regrettée comme œuvre d'art, mais qui l'eût été comme monument expiatoire; l'énergie du second sut tenir les Prussiens en respect. Dans la liste si longue des magistrats municipaux, n'y a-t-il pas encore d'autres noms qui peuvent être choisis? Nous souhaiterions qu'on se ressouvînt encore, après un laps de plus de cinq siècles, d'Amaury Filleul et de Jean Mustel, deux anciens maires de Rouen, qui furent livrés comme otages aux Anglais, lors de la délivrance du roi Jean, à une époque « où les otages, » dit M. Chéruel, « payaient quelquefois de leurs têtes la violation des trai-« tés (1). » L'un et l'autre moururent sur le sol de l'Angleterre, devenu pour eux un champ d'honneur (2).

On peut employer aussi le nom de Robert Becquet, « maistre « charpentier du Roy, à Rouen, et de sa grande église Nostre-« Dame dudit lieu, » qui avait doté la ville d'une si belle

---

(1) *Histoire de la Commune de Rouen*, t. II, p. 212.
(2) Farin, édition de 1668, t. I, p. 251.

flèche, son ornement pendant trois siècles, et maintenant l'objet de nos regrets. Ses cendres reposent sous les voûtes de l'église métropolitaine, ainsi que celles de Jean Lemasson, fondeur du bourdon brisé lors du passage de Louis XVI. Chacun applaudirait à un hommage rendu à la mémoire de ces deux hommes, dont les épitaphes ont disparu. Il serait également bon de voir, aux environs de l'église Saint-Ouen, les noms de Jean Roussel, qui posa la première pierre et fit construire une grande partie de cette église; d'Antoine Bohier, qui fut surnommé le *grand bâtisseur*.

Rouen possède une statue de Boïeldieu, et une promenade publique qui porte le nom de Boïeldieu; la statue et le nom de l'auteur de la *Dame Blanche* sont parfaitement à leur place, auprès d'une salle où ses chefs-d'œuvre ont été si souvent applaudis. Rouen possède également une statue de l'auteur du *Cid*, et, d'après une décision récente du Conseil municipal, une rue de *Pierre Corneille*. Chacun a été bien aise de voir le nom de la rue de la *Pie* disparaître devant celui du père de la tragédie française. Il y a eu malheureusement à Rouen quelque analogie entre le nom de Corneille, et ces semences qui s'enracinent difficilement dans certains lieux. Le bronze n'a fait revivre Pierre Corneille parmi nous, qu'un siècle et demi après sa mort; la rue d'*Ecosse*, à laquelle on donna le nom de Pierre Corneille en 1794, ne le conserva qu'un an; la rue *Morand*, qui le reçut en 1795, le perdit au bout de deux ans. Si la place *Corneille*, sise au bas de la rue *Grand-Pont*, était plus vaste, on aurait le loisir, en la traversant, de repasser en soi-même quelques belles scènes des *Horaces*, de *Rodogune* ou du *Menteur*. Qu'on dise à quelqu'un qui n'a jamais visité la ville de Rouen, que le nom de Corneille est celui d'une place publique, il jugera la chose fort convenable, car un beau cadre convient bien à un nom semblable : mais, s'il vient sur les lieux, que pensera-t-il de cette place imperceptible, et tellement imperceptible qu'on a jugé convenable d'inscrire le nom jusqu'à quatre fois dans un si petit espace, moins peut-être pour honorer le grand poète, qu'afin d'apprendre aux passants l'existence d'une place devant le *Théâtre-des-Arts?* Félicitons-nous et remercions le conseil municipal de ce qu'il existe maintenant une rue *Pierre-Corneille* : mais il faudrait aussi qu'une rue portât le nom de Thomas Corneille. Celui-ci ne valait certainement pas son aîné : toutefois, l'auteur d'*Ariane* et du *Comte d'Essex* n'était pas sans mérite et pouvait passer pour être *un bon cadet de Normandie.*

Il est un autre poète pour le nom duquel nous nous garderons bien de réclamer l'honneur en question ; toutefois, il faut laisser son nom parmi ceux des hommes célèbres nés à Rouen ; car, malgré les satires de Boileau, on ne doit pas dédaigner entièrement Pradon : chacun sait quels succès il obtint, dans la seconde moitié du xviie siècle, de la part d'un public qui avait tant applaudi aux pièces de Corneille. Il est certain que la *Phèdre* de Racine est un chef-d'œuvre, et que la *Phèdre* de Pradon ne se trouve plus au répertoire ; mais si Pradon a été renversé par Racine, il l'a été par un géant avec qui la lutte était impossible ; le bruit des bravos obtenus par Racine n'empêchait pas de nombreux spectateurs d'assister à la *Phèdre* de Pradon, et Mme de Sévigné l'admirait. « Il ne faut pas, » dit la Harpe, « que nos jeunes
« acteurs se persuadent trop aisément qu'ils sont en droit de
« parler de Pradon avec irrévérence, et de se donner mutuel-
« lement son nom dans leurs épigrammes : car enfin, ce poète
« est auteur d'une tragédie de *Tamerlan*, qui s'est soutenue au
« théâtre pendant plusieurs années, et de celle de *Régulus*, que
« l'on jouait encore avec quelque succès au commencement du
« dernier siècle. » Nous ne réclamons pas pour Pradon. Mais Rouen a vu naître d'autres célébrités littéraires et artistiques : on peut citer Mlle Bernard, qui a donné au théâtre *Laodamie* et *Brutus*, Mme du Bocage, Brumoy, Sanadon, Jadoulle, Lebarbier et Restout.

Certainement il importe de conserver les noms de rues qui rappellent des souvenirs historiques, tels que ceux du *Pré-de-*

la-Bataille, de la *Rouge-Mare,* du *Champ-du-Pardon,* du *Clos-des-Marqueurs.* Il faut aussi conserver les noms qui rappellent l'ancien état de la ville, rien n'étant plus utile pour diriger ceux qui font des recherches sur son histoire. Ainsi les noms des *Bons-Enfants,* de *Bourg-l'Abbé,* des *Juifs,* etc., forment comme un plan de l'ancien Rouen, qui paraît à travers le Rouen actuel, ainsi qu'il arrive pour certains dessins, sous lesquels on en aperçoit d'autres qu'un travail plus récent n'a pas fait disparaître, et pour ces vieux manuscrits dont les copistes du moyen-âge se servaient pour écrire à leur tour : ces moines, qui pensaient seulement à faire une économie de parchemin, ont conservé, sans le savoir, des ouvrages qu'on peut bien ne déchiffrer qu'avec quelque peine, mais qui, sans eux, auraient complétement disparu. De même, sous ces maisons dont le xix° siècle rajeunit les vieilles façades, on peut retrouver encore les traces de nos pères et l'emplacement d'édifices mutilés ou détruits.

Certainement, on peut avoir raison de conserver, du moins souvent, les noms qui rappellent d'anciennes enseignes, puisque ces enseignes servaient autrefois de point de rappel. Charles Nodier, dans une notice publiée en 1835, a rappelé un certain nombre de tavernes de Rouen, dont l'entrée fut interdite aux habitants, par un arrêt du Parlement, vers la fin du xvi° siècle. Ce peut donc être une bonne chose que de ne pas effacer des noms, s'ils peuvent aider dans les recherches. Par exemple, la ruelle du *Pas-de-Gaud,* qui communique de la rue *Saint-Hilaire* à celle de l'*Eau-de-Robec,* est contiguë à une maison naguère encore à usage d'auberge et portant pour enseigne *le Pas-de-Gaud;* or, ce fut dans cette auberge qu'un chef d'une émeute, qui eut lieu en 1789, prit son logement. La maison n'est plus une auberge depuis quelques années; mais la ruelle peut rappeler longtemps encore la destination de cette maison en 1789. On peut même conserver, précisément à cause de leur bizarrerie, certains noms inintelligibles, et d'autant plus qu'ils se trouvent sur des lieux fort peu susceptibles d'embellissements, les noms de *Garde-Monsieur*, *Mamuchet*, de la *Tour-du-Rouet*, et autres.

Il est besoin, nous en convenons, de réfléchir sérieusement avant de changer des noms anciens, et de constater préalablement qu'ils ne se rattachent à aucun fait de quelque importance : le bénéfice de la prescription peut être acquis à des noms sur la première apparition desquels on ne saurait rien dire. Mais quant à des noms dont la complète insignifiance est indubitable, tout aussi bien que la date de leur origine, tels que ceux des rues de la *Rampe*, *Verte*, de l'*Avalasse*, *Longue*, *Etroite*, *Traversière*, des *Plains-Champs*, des *Pommiers-Mallet*, etc.; quant à ceux qui ne datent que du XIXe siècle, il nous semble qu'on pourrait parfaitement les changer.

Citons la rue *Préfontaine*, à laquelle P. Periaux n'a pas assigné d'étymologie, mais qui trouve peut-être son étymologie dans cette *Fontaine-Jacob* qui coulait jadis sur un large gazon et donnait son nom à une juridiction. Le pré n'existe plus que dans des limites restreintes; la juridiction a disparu, comme ont disparu tant d'autres juridictions qui avaient basse, moyenne et haute-justice; mais son prétoire existe encore sous une apparence très vulgaire : la juridiction de la fontaine Jacob est bien et dûment désignée dans l'*Histoire de la ville de Rouen*, par Farin. Or, la rue *Préfontaine* ne serait-elle pas beaucoup mieux nommée rue de la *Fontaine-Jacob*? Il y avait, auprès de cette rue *Préfontaine*, l'ancien hôpital de *Jéricho*, dont les grands murs se voient encore un peu au-dessous de la rue du *Mont-Gargan*. Si l'on perçait quelque rue dans le voisinage, il serait bon de la nommer rue de l'*Hôpital-Jéricho*. Nous disons : de l'*Hôpital-Jéricho*, et non pas simplement *Jéricho*, de peur qu'il n'y eût confusion avec une autre rue dont le nom se prononce de la même manière, celle qui rappelle le peintre du *Naufrage de la Méduse*. Oserait-on dire qu'on a rendu quelque honneur au nom de Géricault ? On eût hésité à le placer dans le quartier des mendiants, et l'on n'a pas hésité à le placer au milieu des vestiges de la fange la plus immonde. Un poète rouennais a dit là-dessus sa pensée très franchement (1). Jadis, quand le christianisme déployait sa bannière sur les ruines du paganisme, il lui arriva souvent de transformer les temples des divinités impures en temples de sa doctrine céleste; mais alors, il y avait un changement prodigieux : le vainqueur s'établissait, par le droit de la victoire, sur le terrain conquis, et tous les vrais sages applaudissaient au triomphe. Le nom de Géricault, placé sur d'anciens lupanars, n'a pas produit le même effet, et la pudeur indigente, qui hésite à loger dans la rue *Géricault*, proclame hautement que le nom de l'artiste n'est pas à sa place.. Le nom de Géricault devrait remplacer le nom de la rue de l'*Avalasse*, où il est né, où la date de sa naissance est indiquée par une table commémorative.

On peut aussi mettre le nom de Cavelier de la Salle, qui découvrit le Canada, celui de Mesnager, l'un des négociateurs de la paix d'Utrecht.

Il est certain que ces noms et d'autres encore, qu'il serait facile d'indiquer, seraient adoptés sans le moindre inconvénient aux rues qu'on ouvrirait à l'avenir, et quels inconvénients sérieux y aurait-il à les mettre à la place de noms parfaitement insignifiants? Dira-t-on que le changement de quelques rues serait gênant pour ceux qui auraient à chercher les habitations Mais combien d'autres choses ne change-t-on pas sans faire préalablement d'enquête *de commodo et incommodo*, et sans qu'on ait motif pour regretter les changements? L'admission du système décimal offrait bien d'autres difficultés, puisque le système en vigueur était enraciné dans l'esprit des populations : cependant c'est avec une grande sagesse qu'on l'a établi; nous applaudissons tous.

Dira-t-on que le changement des noms de rues serait nuisible à ceux qui auraient à faire des recherches dans les registres de l'état-civil; que les notaires, les gens de loi, les chercheurs

(1) *Géricault, prose en vers*, par M. Emile Coquatrix, Rouen, 1846.

de successions réclameraient tout aussi bien, et peut-être plus que les hommes d'études ? Mais le remède, et un remède infaillible, peut se placer auprès du mal. Il s'agit d'avoir à la mairie des registres dans lesquels on inscrira des renvois aux anciens et aux nouveaux noms. Puis on pourrait adopter un signe caractéristique pour les nouveaux écriteaux, ne fût-ce que de les placer sur un fond de couleur différente. On pourrait même exposer, sur un point de l'hôtel de ville, un tableau où tous ces noms historiques se trouveraient réunis auprès des noms qu'ils auraient déplacés ; on y joindrait la date des changements. Si ce tableau était exécuté sur une matière solide, de manière à demeurer longtemps, ce serait une chose honorable pour la ville et surtout pour le conseil municipal, qui aurait pris telle ou telle détermination ; on saurait sous l'administration de quel maire on a rendu hommage à tel ou à tel souvenir, et réparé tel ou tel oubli. Cela serait pour le public ; quant à ceux qui feraient des recherches au point de vue de travaux historiques ou d'affaires, ils iraient tout droit aux registres municipaux et seraient pleinement satisfaits.

On pourrait, ce nous semble, employer un fonds de telle ou de telle couleur pour telle ou telle catégorie de rues. Ainsi, celles qui rappelleraient des souvenirs historiques, celles qui rappelleraient des hommes célèbres ou ayant droit à la reconnaissance publique, celles qui indiqueraient l'ancien état de la ville, celles qui conserveraient leurs anciens noms, auraient chacune sa couleur différente. Il serait bon que des noms tels que ceux de Fontenay, de Lézurier de la Martel, d'Hyacinthe Langlois, ne fussent pas assimilés aux noms de quelques propriétaires obscurs. Si l'on adopte le système, il faut y entrer franchement, de manière que son application soit vraiment utile, et que les noms des rues ne soient pas des énigmes, dont la plupart des passants ne chercheront pas même à trouver la solution, les uns par indifférence, les autres par crainte de la difficulté ; il faut que le passant, s'il ne fait pas de recherches, sache du moins qu'il y aurait des recherches à faire.

On ne devrait jamais changer un ancien nom de rue sans être convaincu de la manière la plus certaine qu'il est de la plus complète insignifiance. Mais est-il besoin d'enquête pour des rues nées dans le xixe siècle, pour des rues telles que les rues *Neuve-Saint-Patrice*, *Neuve-Massacre*, de la *Montée*, de la *Rampe*, etc.?

Des rues ont été percées et d'autres le seront encore probablement sur l'emplacement de l'ancien *Champ-du-Pardon*; une rue porte même ce nom, et rappelle une grande assemblée religieuse, qui eut lieu sous l'épiscopat de Guillaume Bonne-Ame, en 1079 (1). Ce coteau mérite qu'on en tire parti sous le rapport historique; suivant les apparences, les maisons ne tarderont pas à y devenir nombreuses. Ce fut dans ce *Champ-du-Pardon* que le roi Jean fit décapiter, en 1356, le comte d'Harcourt, Jean de Graville, Friquet de Friquans et l'écuyer Colinet Doublet, sous ses yeux, en présence du dauphin et des autres, qui, quelques heures auparavant, étaient assis à la table d'un joyeux festin. Les habitants, déjà mécontents du roi depuis quelque temps pour l'augmentation des impôts, furent indignés d'une exécution qui ressemblait à un assassinat : ce sang répandu sans forme de procédure annonçait de grands malheurs. Mais, deux ans après, le dauphin, devenu régent pendant la captivité de son père, ayant accordé la réhabilitation, Charles de Navarre se rendit aux fourches patibulaires, et fit transporter en grande pompe, à la cathédrale, les corps de ceux que le peuple nommait *les martyrs* (2). Ils furent déposés dans la chapelle des Saints-Innocents, où peut-être, en creusant sous les dalles, on en retrouverait encore quelques restes. Il faudrait, ce nous semble, sur l'emplacement de l'ancien *Champ-du-Pardon*, une rue des *Quatre-Décapités*, puis une rue de la *Réhabilitation*. La foire Saint-Romain, bien

---

(1) Farin, *Histoire de la ville de Rouen*.
(2) *Histoire de la commune de Rouen*, par M. Chéruel.

plus importante autrefois qu'elle ne l'est maintenant, se tint, jusqu'en 1785, dans le *Champ-du-Pardon*. Du temps de nos aïeux, la tenue de cette foire, fondée, disait-on, par nos premiers ducs et confirmée, dans ses franchises et priviléges, par plusieurs de nos rois, était un événement pour la ville, où elle attirait un grand nombre de visiteurs : on y venait de loin ; son aspect était pittoresque, et l'on y remarquait notamment les hautes coiffures de ces Cauchoises, dont Bernardin de Saint-Pierre a parlé d'une manière si flatteuse. Une rue pourrait encore rappeler les belles années de cette foire Saint-Romain.

L'île *la Croix* n'a presque pas encore de maisons ; mais il viendra un temps plus ou moins éloigné où l'on y en construira peut-être en grand nombre ; maintenant il y a des rues, et les noms de l'*Industrie,* du *Commerce* et de *Tivoli*, sont parfaitement insignifiants ; personne ne pourrait regretter leur remplacement. Pourquoi ne pas donner à ces rues des noms historiques ? Ce serait un précédent qui pourrait être imité plus tard. Si cette île *la Croix* se couvrait de maisons, le quartier serait encore plus nouveau que ceux qui s'établissent à l'extérieur de la ville, et toutefois l'on aimerait mieux y rencontrer des noms historiques que de les rencontrer ailleurs, puisqu'ils se trouveraient au point central de la ville.

Ce système, qui n'est qu'ébauché ; ce système, qui certainement pourrait subir des modifications, étant adopté, ferait accueillir très favorablement une réimpression du *Dictionnaire indicateur des rues et places de Rouen*, dans lequel on trouverait des notices sur les personnages auxquels les rues se rattacheraient.

L'*Ermite de la Chaussée-d'Antin* disait à ses lecteurs, en octobre 1811, qu'on venait de faire droit, après un laps de cent quarante-neuf années, au placet qu'Eraste fut chargé par Caritidès de présenter à Louis XIV, en 1661 (1). Caritidès, *Français de*

(1) Molière, *les Fâcheux*.

nation et Grec de profession, n'était frappé que des abus qui se commettaient *aux enseignes des maisons, boutiques, cabarets, jeux de boule et autres lieux de la bonne ville de Paris*. Les rues qui ne sont pas des propriétés particulières, mais des propriétés municipales, demandent une bien plus grande attention, puisque la responsabilité de l'insignifiance ou de la bizarrerie de leurs noms ne s'arrête point aux individus, et qu'elle remonte plus haut. Nous ne dirons pas, comme Caritidès, qu'il s'agit *du bien de l'Etat et de la gloire de l'Empire,* ni qu'il faille précisément créer *une charge de contrôleur, intendant, correcteur, réviseur et réformateur général desdites inscriptions.* Les choses se font maintenant avec moins de peine ; on élague les sinécures, et l'on ne crée point de charges en considération de ce qu'un érudit a fait *l'anagramme de Sa Majesté en français, latin, grec, hébreu, syriaque, chaldéen, arabe.* Les sinécures et les anagrammes sont passés de mode : puissent les noms de rues insignifiants tomber également en désuétude !

www.ingramcontent.com/pod-product-compliance
Lightning Source LLC
Chambersburg PA
CBHW071414060426
42450CB00009BA/1890